LA JEUNESSE

ET

LA LIBERTÉ

PAR

M. EDMOND DE PRESSENSÉ

(Extrait de la Revue Nationale.)

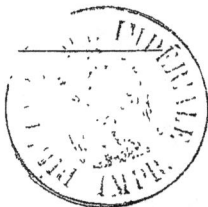

PARIS

IMPRIMERIE DE P.-A. BOURDIER ET Cie,

RUE MAZARINE, 30.

1862

LA JEUNESSE ET LA LIBERTÉ

Il est incontestable que la jeunesse française se réveille et secoue la pesante torpeur qui semblait avoir éteint en elle les passions généreuses. Ce n'est pas nous qui nous plaindrons d'un tel réveil, dût-il même ressembler parfois à un brusque soubresaut et être accompagné de cette immodération dans la manière de sentir, surtout dans la manière d'exprimer ses sentiments sans laquelle il est difficile d'être jeune. Certes, « l'effervescence juvénile » se comprend mieux dans les écoles que dans la majestueuse assemblée où chaque orateur, en prenant la peine d'additionner les années de ses auditeurs, peut répéter le mot du général Bonaparte aux Pyramides, et se dire que plus de quarante siècles l'écoutent et le contemplent. Mais il y a ici autre chose qu'une simple chaleur de l'âge, et qu'une simple dépense de forces surabondantes. Les grandes idées de droit et de liberté qui paraissaient avoir perdu leur empire sur les jeunes générations y ont certainement retrouvé un écho pour le moins sonore et retentissant : c'est qu'elles ont fait vibrer dans les cœurs des cordes détendues. La passion, toujours un peu aveugle, s'en mêle. Elle a ses injustices et ses entraînements, parce qu'elle suit son élan et son instinct. Ne nous plaignons pas de ces inconvénients qui lui sont inhérents; il n'y a pas souvent de feu sans fumée, et pourvu que sous la fumée, dont on se passerait fort bien, il y ait une belle et vive flamme, il faut se déclarer content.

Qu'on ne s'y trompe pas. Dans notre France moderne, quand la jeunesse renonce aux vives préoccupations politiques, elle se jette, tête baissée, dans les mauvais plaisirs qui la corrompent et l'énervent. Il en résulte pour le pays des générations usées, amollies et assouplies, faites pour servir et non pour le laborieux exercice des droits et des devoirs de la vie publique. Rien ne se pétrit plus facilement que la fange; la corruption morale est vouée à toutes les servilités, sans compter le mal qu'elle fait aux individus qu'elle atteint. Rien ne nous paraît plus détestable que l'adage : *Il faut que jeunesse se passe*, toutes les fois qu'on en fait découler une indulgence plénière pour tous les genres de désordre; en effet, à ce régime, la jeunesse passe et se flétrit, par où j'entends cette jeunesse morale qui est la fleur des sentiments généreux, l'enthousiasme facile pour le bien, l'indignation véhémente contre les bassesses. Malheureux le pays où l'on vieillit vite moralement. On n'en doit rien attendre.

Je voudrais adresser quelques conseils sympathiques à cette génération pleine d'une bouillante ardeur qui, dans quelques années, sera à la tête du pays, et dont l'action, dans l'avenir, fixera le rôle de la France dans la civilisation. Nous nous entendons parfaitement avec elle sur le but à atteindre : nous voulons comme elle le développement sérieux de la liberté dans notre patrie, tout ce qu'implique, en légitimant et en légalisant nos aspirations, le fameux couronnement de l'édifice. C'est sur les moyens d'atteindre ce but que nous voudrions que tout malentendu fût écarté, car il n'est pas vrai que tous les chemins conduisent à la liberté, alors même qu'on l'aime et qu'on la désire sincèrement. Il en est, au contraire, qui conduisent aux abîmes.

Tout d'abord je dirai à la jeunesse des écoles : Vous voulez la liberté; respectez-la et ne la supprimez jamais chez autrui. N'étouffez jamais une pensée et une parole, sous prétexte qu'elle vous contrarie. Il va sans dire que je suppose que vous êtes en présence d'une conviction réelle, et non pas en face d'une situation achetée précisément par le sacrifice de la pensée vraie et de la parole sincère. J'admettrais les vives répulsions dans ce dernier cas. Si l'apostasie, qui rencontre dans ce monde tant d'agréables compensations, trouvait une facile indulgence auprès de la jeunesse, si le sentiment vif et délicat de l'honneur, surtout de l'honneur du haut enseignement, s'y perdait, il faudrait désespérer de notre pays. Non, il est bon que les hommes qui tournent au vent des circonstances sentent passer sur eux le souffle de l'orage et que l'indignation de la jeunesse les châtie. Il va sans dire non plus que nous n'encourageons aucun désordre. Si le silence est la leçon des rois, l'abandon est la leçon des maîtres qui ont démérité de l'approbation publique. Quand le vide se ferait autour d'une chaire autrefois entourée, le silencieux verdict serait compris. Si ailleurs que dans les cours publics, là où la désapprobation a sa forme classique et reconnue, celle-ci s'affirme plus bruyamment pour dissiper l'équivoque d'un faux libéralisme et répudier la fusion de l'esprit de démagogie et de l'esprit de servilité, nous n'avons pas à nous en occuper ici. Nous sommes assuré, d'ailleurs, que si la police subalterne abandonnait cette tradition d'inintelligente rudesse vis-à-vis de la jeunesse, tradition à laquelle elle n'a manqué sous aucun régime, les désordres que nous regrettons seraient contenus ou prévenus. Pour en revenir à notre premier conseil, nous redirons avec insistance aux étudiants : Ne sifflez jamais des idées. Respectez scrupuleusement la liberté de la pensée. Ne faites pas surtout de censure préventive en couvrant par vos clameurs une voix qui a droit de se faire entendre au milieu de vous.

Ce n'est pas tout que de respecter la liberté chez autrui et de la demander pour tous, il faut encore se garder de la séparer de ses garanties les plus indispensables. Or ces garanties, selon nous, sont inséparables d'un spiritualisme élevé et conséquent. Quand nous considérons les dispositions qui tendent à prévaloir dans notre jeunesse libérale, nous ne sommes pas sans inquiétude à cet égard. Il nous semble qu'elle a volontiers un parti pris, je ne dis pas seulement contre le christianisme, mais encore contre le spiritualisme. Dans son désir passionné d'indépendance, elle s'imagine que les affirmations en matière religieuse et philosophique sont tyranniques, et elle va d'instinct aux négations les plus hardies. Ce n'est pas qu'elle ait pesé les arguments et qu'elle se soit formé une conviction réfléchie ; ce n'est pas la négation pour elle-même qui la charme, c'est le fantôme d'une liberté trompeuse qui l'attire.

Voilà le grand péril du moment pour elle ; le flot coule dans ce sens. Il y a là, selon nous, un funeste malentendu ; nous voudrions tout faire pour le dissiper. Dans ces grandes questions de philosophie religieuse, je ne suis pas uniquement préoccupé de liberté, car de leur solution, surtout de leur solution pratique, dépend selon moi la destinée morale de l'homme, son plus ou moins de force pour lutter contre le mal et la douleur, sa dignité, sa moralité. Mais pour le moment je ne m'occupe que de la liberté, et c'est un grand honneur pour elle que d'être solidaire de toutes ces saintes choses.

Tout d'abord la justice nous commande de faire la part des fautes des représentants les plus accrédités de la religion en France dans ce courant de scepticisme moqueur tour à tour profond et superficiel qui se forme sous nos yeux. A part une minorité respectable à tous égards, il faut convenir que beaucoup de catholiques ont fait tout ce

qui était nécessaire pour creuser un abîme entre les jeunes générations
et le christianisme. Celles-ci ne peuvent oublier que la papauté n'a
jamais perdu une seule occasion de maudire la liberté et de proclamer diaboliques les droits les plus élémentaires de la société moderne. Singulier moyen de vaincre l'opposition au christianisme que
de mettre contre lui tous les sentiments généreux! Rien n'a plus
contribué à aggraver la question italienne et la question romaine. J'ai
déjà dit ici même que l'Église catholique dans notre pays a eu
le droit de se plaindre de l'étrange démenti que les faits ont
donné aux promesses. Je ne me dissimule pas non plus com-
bien il est difficile de dénouer le nœud inextricable qui confond
le temporel et le spirituel dans la théocratie papale. Mais, toutes
réserves faites, il n'en est pas moins certain qu'en se montrant hostile
au mouvement italien, le parti catholique a profondément blessé ces
instincts généreux qui ont tant d'action sur la jeunesse. Son obstina-
tion à condamner le peuple des États romains à subir le plus dégra-
dant régime pour aider le monde catholique à faire son salut a froissé
directement le sentiment du juste; la prolongation d'une intolérable
situation a aigri les esprits, et les violences cléricales les exaspèrent.
Il nous sera aussi permis de dire que dans nos assemblées délibérantes
les paroles amères et violentes des défenseurs du temporel ne sont pas
de nature à calmer cette agitation; ce qu'on leur pardonne difficile-
ment, c'est cette invocation de la liberté contre la liberté elle-même
qui découvre leur pensée, et fournit la preuve qu'ils ne veulent cette
liberté pour eux que pour mieux la détruire chez les autres. On n'a,
pour s'en convaincre, qu'à relire les discours de MM. Ségur d'Aguess-
seau et La Rochejaquelein. Ces sénateurs paraissent n'avoir demandé
le droit commun de la presse que dans l'espoir de fermer plus sûre-
ment la bouche à leurs adversaires. C'est profaner le mot de liberté
que d'en faire un tel usage. Rien ne nous a plus attristé que ces débats
où l'on a vu des orateurs du parti ultra-catholique invoquer le droit
moderne au bénéfice du despotisme théocratique, et les orateurs du
parti contraire leur opposer l'omnipotence du pouvoir civil dans les
matières ecclésiastiques, comme si rien ne s'était passé en France de-
puis Louis XIV. Le plus sûr résultat de cette discussion sera le progrès de la réaction cléricale, et la conséquence de cette réaction sera
d'exaspérer le mouvement contraire et de développer sans mesure
l'hostilité contre les idées religieuses. Supposons que le mouvement
clérical suive toujours sa pente et qu'au printemps prochain il fasse

proclamer à Rome le dogme du pouvoir temporel en y ajoutant sans
doute son immaculée conception, on reconnaîtra trop tard qu'il sera
devenu impossible de réconcilier la génération nouvelle avec le christianisme, malheureusement identifié en France à cet ultramon-
tanisme extravagant. Nous voudrions que les hommes sincèrement
religieux et libéraux qui croient de leur devoir de défendre la
théocratie romaine se rendissent compte de l'irritation extraordi-
naire que cette question jette dans les jeunes esprits. Quand ils
auraient respiré cette atmosphère de feu, ils comprendraient le
jeu dangereux qu'ils font de risquer les destinées de leur Église
sur la carte du temporel ecclésiastique. Leur responsabilité est
grande aujourd'hui. Toute protestation contre le droit d'un peuple
dans la bouche d'un homme religieux a pour écho une parole d'im-
piété. Comment veut-on que la jeunesse, qui ne se livre pas à des
distinctions subtiles et qui ne s'arrête qu'à l'aspect saillant des choses,
ne se dise pas : Si c'est là ce que vous appelez le christianisme, nous
n'en voulons pas. Qu'on y prenne garde! la situation des esprits est
grave, et il n'y a pas un moment à perdre pour dissiper ce malentendu
qui nous perdrait en devenant incurable.

Les fautes d'un parti n'autorisent pas celles du parti opposé, et
surtout ne les préservent pas des conséquences funestes de ses erreurs.
Aussi n'est-il pas permis à la jeunesse libérale de croire sur parole
le parti théocratique, quand il se pose comme le représentant du
christianisme et du spiritualisme. Il faut qu'elle soit assez libérale
pour examiner avec calme la question philosophique et religieuse en
elle-même, et pour ne pas croire l'avoir résolue par une exclamation
passionnée que lui arrachent les insolentes prétentions de l'ultramon-
tanisme renaissant. La jeunesse veut la liberté de la science, et nous
la voulons avec elle. Toute atteinte portée à cette liberté nous froisse
comme elle. Nous voudrions que cette liberté fût assurée dans le
haut enseignement en France comme en Allemagne, et que la libre
concurrence dans les chaires académiques, qui est le droit commun
au delà du Rhin, ôtât toute tentation à l'État de se faire le juge des
doctrines philosophiques. Dans une université allemande, la suspen-
sion d'un cours pour cause d'hétérodoxie est presque impossible, par
la raison bien simple que tout licencié a le droit d'enseigner la jeunesse, pourvu qu'il respecte les convenances sociales et morales. Tel
cours est antipathique à certaines tendances des esprits ou à telle
Église, personne n'est fondé à se plaindre, puisqu'un représentant

peut inaugurer à côté du premier cours un enseignement en sens
contraire. Ici encore, comme partout, c'est la liberté qui est la
grande pacificatrice. Il est donc bien entendu que nous voulons la
liberté de la science; mais nous voulons plus : nous voulons la science
de la liberté, celle qui lui est le plus conforme, qui l'inspire et la
maintient. Or elle n'est pas possible, selon nous, en dehors d'un
spiritualisme décidé. La science irréligieuse est bonne pour faire des
esclaves et non des hommes libres.

Pour ne pas sortir des généralités, considérons rapidement les
formes principales sous lesquelles se présente à nous aujourd'hui
l'opposition au spiritualisme chrétien. Nous avons d'abord le matérialisme pratique, la négation vulgaire des immortelles destinées
de l'homme. Cette secte-là est de tous les temps; elle se compose
de tous ceux qui résument la vie dans ce seul mot : *Jouis*. Elle est
à la fois fille et mère de l'égoïsme; elle en procède et elle le con-
sacre. C'est dire quel point d'appui elle offre à la liberté qui ne peut
se passer de dévouement. « Si les destinées de l'espèce humaine sont
livrées aux chances d'une fatalité matérielle et aveugle, dit Benjamin Constant, est-il étonnant que souvent elles dépendent des plus
ineptes, des plus féroces ou des plus vils des humains? Si les récom-
penses de la vertu, les châtiments du crime ne sont que les illusions
vaines d'imaginations faibles et timides, pourquoi nous plaindre
lorsque le crime est récompensé, la vertu proscrite? Si la vie n'est
au fond qu'une apparition bizarre sans avenir comme sans passé,
et tellement courte qu'on la croirait à peine réelle, à quoi bon s'im-
moler à des principes dont l'application est au moins éloignée? Mieux
vaut profiter de chaque heure, incertain qu'on est de l'heure qui suit,
s'enivrer de chaque plaisir tandis que le plaisir est possible, et, fer-
mant les yeux sur l'abîme inévitable, ramper et servir, se faire maî-
tre, si l'on peut, ou, la place étant prise, esclave; délateur, pour n'être
pas dénoncé, bourreau, pour n'être pas victime. »

On nous dira que le dix-neuvième siècle ne vit pas des défroques
du dix-huitième, qu'il s'est fait une croyance à lui bien plus élevée
et qu'il serait injuste de comparer à un matérialisme suranné. Je sais
très-bien qu'il y a en France une réaction dans le sens du spiritualisme
et j'en tiens grand compte, mais ce que je sais aussi, c'est qu'elle
s'est considérablement affaiblie, en partie à cause de ses inconsé-
quences et en partie à cause du développement croissant de la
tendance contraire. Aujourd'hui ce qui a la vogue, ce qui entraîne

les jeunes esprits, ce qu'ils acceptent d'avance comme le dernier terme du progrès, c'est la conclusion pratique de la savante métaphysique panthéiste à laquelle on ne remonte pas volontiers, mais dont on accueille avec empressement les résultats. Les formules de l'hégélianisme sont abandonnées, on les considère comme la forme transitoire et éphémère du système; mais le souffle qui les animait, l'esprit qui les inspirait est répandu largement dans notre atmosphère morale. C'est cette influence qui donne aujourd'hui tant de crédit à cette notion commode que rien, ni dans l'homme ni au-dessus, n'échappe au mouvement perpétuel de l'histoire, qu'il n'existe point de vérité absolue ni en morale ni en religion, qu'il n'y a qu'une succession de fugitives relations, que le vrai d'aujourd'hui sera le faux de demain, lequel enfantera la vérité de l'avenir non moins transitoire et passagère, et que c'est dans ces incessantes évolutions que se dégage et se réalise cette Divinité universelle et indéfinie qui enferme en soi la totalité des êtres. Je n'ai pas à discuter maintenant les bases de cette métaphysique; je ne la considère qu'au point de vue de la liberté. Je me borne à demander si l'esprit libéral trouve une forte impulsion dans une théorie qui est la justification de tout acte et de toute pensée, et qui, en effaçant la distinction tranchée entre le vrai et le faux, le bien et le mal, fournit d'avance des indulgences plénières à toutes les iniquités, à toutes les usurpations, à tous les caprices de la force. Bien des hommes de cœur se laissent prendre à ces principes, tout en en repoussant les conséquences; mais on n'arrête pas à son gré la logique des idées. Si tout est relatif, tout est excusé. La négation de l'absolu moral est la meilleure sauvegarde de l'absolutisme politique, car du jour où le despotisme n'a plus à se heurter contre l'inflexibilité de la conscience humaine, il peut regarder son triomphe comme définitif. Du jour où, profitant des variations des applications de la loi morale, on la nie elle-même dans son fond intime, dans sa substance, du jour où l'on ne reconnaît plus de règle fixe, où l'on n'admet plus que des degrés et des nuances entre le bien et le mal, il n'est plus de motif pour ne pas tout approuver et tout absoudre. Comment douter de l'influence funeste des doctrines régnantes sur le libéralisme quand on les voit aboutir à la négation de la liberté morale, et conclure au déterminisme le plus franc? J'avoue que, s'il m'est prouvé que ma liberté morale n'est qu'une illusion, je ne me soucie plus de ma liberté politique. Si je suis asservi dans le fond de mon être, je dédaigne un affranchissement qui ne porte que sur ce qu'il y a de plus extérieur en moi.

Ne nous faisons pas illusion, toute cette métaphysique subtile, souvent pleine d'élégance et de charme dans son expression, n'est qu'un détour qui nous ramène au matérialisme. Soulevez ce voile habilement brodé, vous ne trouverez dessous que le vide; semblable à cette couche brillante et légère de la neige des montagnes qui cache l'abîme, elle recouvre le néant, le néant moral et intellectuel, le scepticisme complet, la critique qui détruit tout, qui finit par se détruire elle-même, et ramène par ses excès au matérialisme pur et simple. Malgré le tour poétique de son langage, elle fait sans le savoir et sans le vouloir une prose fort triste, elle arrive avec une étonnante rapidité au positivisme, cet héritier légitime de toutes les théories contemporaines qui ne partent pas d'un spiritualisme décidé. On verra trop tôt ce qu'il vaut pour la liberté.

Parlons sans équivoque. Le spiritualisme complet c'est le christianisme, non pas le christianisme défiguré, mais celui dont Vinet disait : « *Le christianisme est dans le monde l'immortelle semence de la liberté.* » J'affirme en fait qu'il l'a vraiment fondée et consacrée en faisant à la conscience humaine le plus pressant appel, en constituant l'individualité morale par le rapport direct et personnel qu'il a établi entre l'âme humaine et Dieu, en faisant consister la religion précisément dans ce rapport de la personne humaine avec le Dieu personnel. Il a donné au droit son inébranlable sanction en le fondant sur le devoir, et au devoir sa vraie base en l'identifiant à la volonté d'un Dieu saint et bon qui en surveille l'exécution et qui est ainsi le gardien vigilant de tous les droits. Aussi tout ce qui affaiblit ce grand spiritualisme affaiblit le libéralisme véritable, et quand on déchire l'Évangile, on n'a pas seulement mutilé un livre divin, mais on a encore jeté au vent la charte des libertés humaines. Tous les esprits sincèrement libéraux ont reconnu et proclamé ces vérités. « Quand le despotisme se rencontre avec l'absence du sentiment religieux, l'espèce humaine, dit encore Benjamin Constant, se prosterne dans la poudre partout où la force se déploie. Les hommes qui se disent éclairés cherchent dans leur dédain pour tout ce qui tient aux idées religieuses, un misérable dédommagement de leur esclavage. L'esprit, qui est le plus vil des instruments quand il est séparé de la conscience, l'esprit, fier encore de sa flexibilité misérable, vient se jouer avec élégance au milieu de la dégradation générale. L'époque où le sentiment religieux disparaît de l'âme des hommes est toujours voisine de celle de leur asservissement. Des peuples religieux ont pu être esclaves, aucun peuple irréligieux n'est demeuré libre. » C'est le commentaire éloquent et anticipé de cette grande parole de Tocqueville que nous avons rappelée plus d'une fois : « Si l'homme ne croit pas, il faut qu'il serve. »

L'histoire, plus éloquente encore que les plus grands esprits, démontre ces vérités avec une puissance irrésistible. Ceux qui ont fondé en Europe et en Amérique le seul régime complétement libéral qui ait duré jusqu'ici, étaient des puritains auxquels on pouvait reprocher plus d'une étroitesse et qui nous auraient paru bien ridicules; mais, sous ces dehors étranges et sous ces préjugés un peu sectaires qui ne sont point inhérents au christianisme, se trouvaient des croyances fortes, une conscience droite et inflexible, et c'est ainsi que les seuls révolutionnaires qui aient réussi sont ces têtes rondes dont nous rions volontiers. Que ceux qui en doutent aillent écouter au Collége de France l'enseignement si élevé, si fécond, sur la Constitution de l'Amérique du Nord, de l'homme éminent qui ne nous pardonnerait pas de le louer dans cette *Revue*, mais dont le grand succès, en un tel sujet, est l'une des consolations et des espérances des amis si souvent attristés de la vraie liberté. Là est l'avenir, si la liberté en a un dans notre patrie, comme nous le croyons de toute l'énergie de notre amour pour elle.

L'histoire nous présente la contre-partie des triomphes de la liberté, et elle achève ainsi la démonstration. Je ne rappellerai qu'un fait bien connu de tous. Qu'on se reporte à cette fameuse séance du sénat romain où l'on délibérait sur le sort des conjurés de Catilina, qui avaient été pris au moment où ils allaient déchaîner le meurtre et l'incendie dans leur patrie.

Salluste nous fait entendre d'abord un jeune homme au visage plein de finesse, et relevant avec l'aisance d'un élégant de Rome les plis de sa toge; l'éclair du génie est dans ses yeux, et il manie habilement cette parole ferme, mesurée, éloquente et limpide, qui assure la royauté sur les assemblées. De ses lèvres dédaigneuses il laisse tomber des paroles dignes d'un disciple d'Épicure. Il opine contre la peine capitale par le motif que tout finit avec la vie, et que condamner à mort un criminel, c'est lui assurer l'impunité en le plongeant dans l'éternel repos. On connaît la réponse que lui fit un autre sénateur; on sait, avec quelle vigueur la foi à l'immortalité de l'âme lui fut

opposée. Ce jeune homme c'était César, qui mit fin à la liberté romaine..., et son adversaire c'était Caton, qui fut le dernier champion,
de cette liberté et qui ne voulut pas lui survivre.

Que la jeunesse française n'oublie pas ces grandes leçons! Nous
avons tous une œuvre immense à accomplir; il s'agit pour notre
génération d'affranchir pleinement la conscience religieuse de toute
contrainte et d'arriver peu à peu à consacrer les droits de l'individualité vis-à-vis de la société. Ne compliquons pas cette tâche
glorieuse en donnant à penser que par la séparation de l'Église
et de l'État, ce n'est pas simplement la théocratie, mais le Christ
lui-même que nous voulons renverser. La religion et la liberté
sont sœurs, et ces deux grandes puissances ne peuvent se passer
l'une de l'autre pour le bonheur de l'humanité.

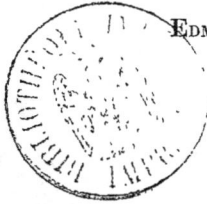

EDMOND DE PRESSENSÉ

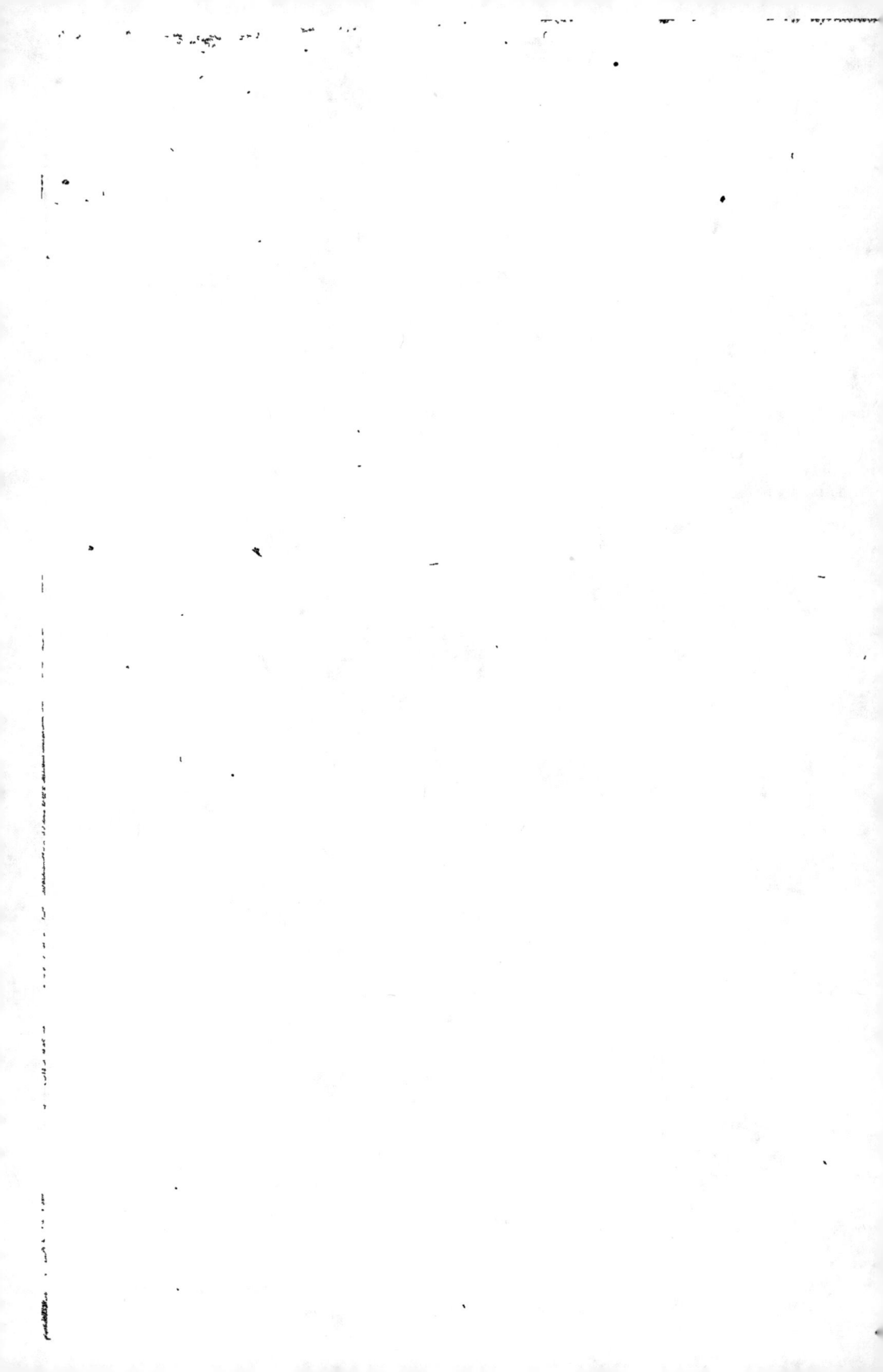

www.ingramcontent.com/pod-product-compliance
Lightning Source LLC
Chambersburg PA
CBHW060724280326
41933CB00013B/2561